La Reine de la Cire

En décembre 1761, un bébé est né à ̤̤̤̤̤̤. s'appelle Marie Grosholtz, et sa mère est cuisinière chez un médecin allemand, le Docteur Curtius.

Le Docteur Curtius fait des figures anatomiques en cire pour des médecins.

Le Docteur fait aussi des portraits en cire (des bustes) pour des personnes riches.

Bientôt, il ouvre un petit musée de cire à Strasbourg.

Un prince de Paris aime beaucoup le musée, et il invite le Docteur Curtius à ouvrir un musée de cire dans son palais.

La petite Marie Grosholtz et sa mère restent à Strasbourg.

Ce musée est très populaire parce que les bustes sont magnifiques.

Bientôt, tout le monde veut acheter les bustes du Docteur Curtius.

En 1767 Marie Grosholtz et sa mère viennent à Paris, et la petite Marie aide sa mère et le Docteur à faire des bustes.

Maintenant, le musée du Docteur Curtius est dans le Palais Royal à Paris.

Marie et sa mère habitent chez la famille royale (les Bourbon) à Versailles.

Le Docteur Curtius est ami avec les Bourbon mais beaucoup de ses amis sont des révolutionnaires.

En 1789, la Révolution Française commence. Les révolutionnaires attaquent une prison à Paris: la Bastille.

Pour eux, la Bastille est une prison affreuse. Ils tuent le gouverneur et libèrent les prisonniers.

Après la Prise de la Bastille, des "Dictateurs" mettent les Bourbon en prison. Louis XVI est toujours roi, mais sans pouvoir.

Marie Grosholtz vient habiter dans la maison du Docteur Curtius à Paris.

Les révolutionnaires les plus célèbres, Danton, Marat et Robespierre, sont souvent chez le Docteur Curtius. Marie les connaît bien, mais elle ne les aime pas beaucoup.

La vie est maintenant très dure à Paris. Danton et les révolutionnaires ("l'Assemblée") ont le pouvoir.

En 1791 les Bourbon s'échappent de prison – une erreur, parce qu'on les reprend immédiatement!

En 1792, "La Terreur" commence – le gouvernement change très souvent et on guillotine beaucoup de personnes.

Maintenant, le Docteur et Marie font des bustes des têtes fraîchement coupées.

Ils font un moulage au plâtre du visage, et du moulage ils font un "masque mortuaire" en cire.

Ils font des figures des personnes vivantes aussi comme ça, mais ces personnes respirent par deux pipes nasales!

Le 20 janvier on guillotine le roi, Louis XVI. Après, Marie fait un masque mortuaire.

Danton, un ami du Docteur Curtius, est maintenant Dictateur.

Marat, un ami de Danton, a une maladie de la peau, et il prend constamment des bains désinfectants.

En juillet 1793, une jeune femme, Charlotte Corday, l'assassine dans son bain, et Marie fait le masque mortuaire avec le cadavre toujours dedans.

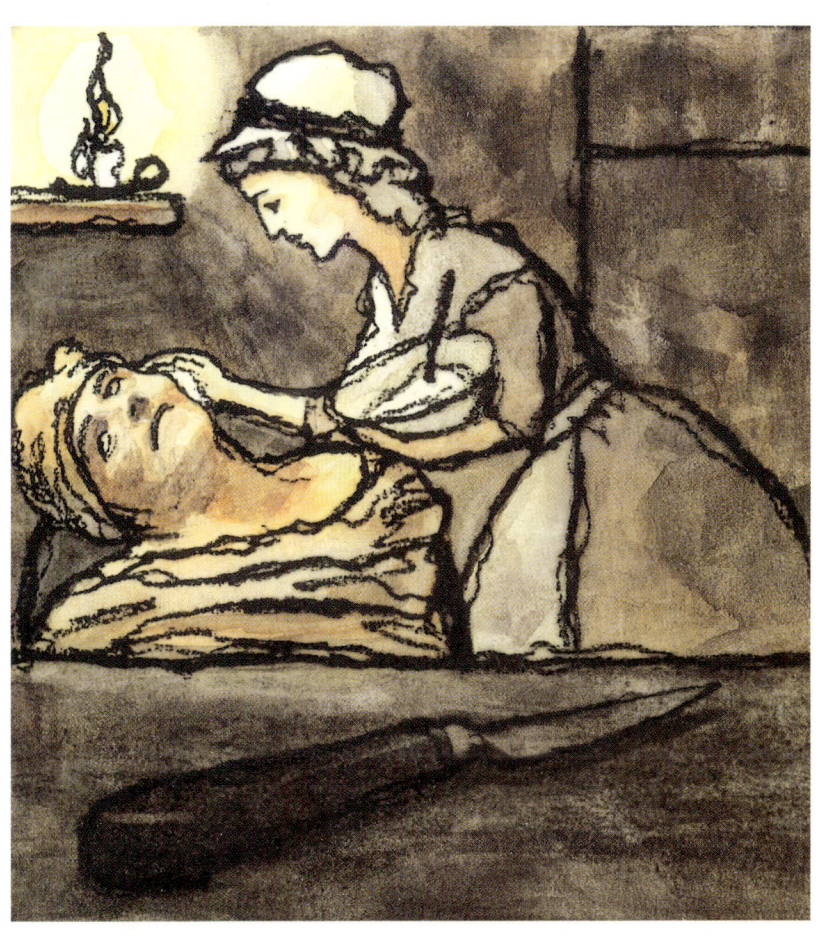

Le même mois, Robespierre remplace Danton comme Dictateur et le fait guillotiner. Naturellement, Marie et le Docteur Curtius font un masque mortuaire.

La reine, Marie Antoinette, était très impopulaire – quand elle a entendu qu'il n'y avait pas de pain à manger, elle a dit, "Qu'ils mangent de la brioche!".

En octobre 1793 elle est guillotinée. Comme d'habitude, Marie Grosholtz fait un masque mortuaire.

En juin 1794, on met Marie en prison. Très peu de personnes imprisonnées évitent la guillotine …

Heureusement, les amis du Docteur Curtius aident Marie, et on la libère.

On guillotine Robespierre peu après Danton, en juillet 1794. Son masque mortuaire est un des derniers de Marie.

La Terreur est maintenant finie, mais le Docteur Curtius est mort un mois après Robespierre. Maintenant, Marie est toute seule.

En 1795, Marie Grosholtz se marie avec François Tussaud. La même année, cinq "Directeurs" remplacent l'Assemblée comme gouvernement.

Peu de temps après, Marie Tussaud fait une buste d'un petit soldat. Elle avait rencontré sa femme, Joséphine, en prison. Le soldat s'appelle Napoléon Bonaparte.

En 1799 Napoléon et deux autres "Consuls" remplacent les "Directeurs".

La vie en France est maintenant très dure, et en 1802 Marie Tussaud vient en Angleterre avec son musée.

Il n'y a pas de photographie à cette époque-là, et le musée montre aux Anglais le visage des révolutionnaires célèbres.

D'abord, elle tombe sous le pouvoir d'un homme qui s'appelle Monsieur Philipstal. Elle doit lui donner la moitié de tout son argent.

Entre 1802 et 1835, le musée de cire de Madame Tussaud voyage en Écosse, en Irlande et en Angleterre, et il devient très célèbre.

Heureusement, elle échappe bientôt au pouvoir de M. Philipstal. Après ça, elle peut garder tout l'argent pour elle.

En 1835 elle achète un bâtiment dans Baker Street, à Londres. Le musée est toujours à la même adresse.

Madame Tussaud est morte à Londres en 1850. Aujourd'hui son musée de cire est le plus célèbre du monde.

Malgré un feu désastreux en 1925, le musée contient toujours les bustes de Louis XVI, Marie Antoinette, Danton, Marat, Robespierre et d'autres personnages de la Révolution Française.

Activités

1. Ecris un calendrier de 1761 à nos jours pour montrer les événements importants de l'histoire de Madame Tussaud et son musée de cire. Ajoute des dessins et fais un poster, si tu veux.

Exemple:
1761: Mme Tussaud est née.

2. Ecris une publicité pour le musée de cire du Docteur Curtius ou de Madame Tussaud.

Exemple:
Venez au musée de cire. La plus grande collection de modèles en cire de France! Voyez Robespierre, Danton et Marat!

3. Choisis un événement de l'histoire du musée de cire de Madame Tussaud et dessine la première page d'un journal qui le décrit. N'oublie pas les sous-titres – et ajoute des dessins et des petits articles, si tu veux.

Vocabulaire

affreux/se	awful
le bain désinfectant	disinfectant bath
la brioche	sweet, soft bread
le buste	wax bust
célèbre	famous
connaître	to know
constamment	constantly
le Consul	consul
la cuisinière	cook
le Dictateur	dictator
le Directeur	director
échapper à	to escape
s'échapper de	to escape from
éviter	to avoid
la foule	crowd
fraîchement coupée	recently cut
garder	to keep
(faire) guillotiner	to guillotine (execute)
libérer	to free
malgré	in spite of
se marier avec	to marry
un masque mortuaire	death mask
la moitié (de)	half
montrer	to show
un moulage au plâtre	plaster of Paris
le musée de cire	waxworks museum
le pouvoir	power to
la Prise de la Bastille	storming of the Bastille
respirer	to breathe
tuer	to kill
vivant	living

Thomas Nelson & Sons Ltd
Nelson House Mayfield Road
Walton-on-Thames Surrey
KT12 5PL UK

Nelson Blackie
Wester Cleddens Road
Bishopbriggs
G64 2NZ UK

Thomas Nelson Australia
102 Dodds Street
South Melbourne
Victoria 3205 Australia

Nelson Canada
1120 Birchmont Road
Scarborough Ontario
M1K 5G4 Canada

© Thomas Nelson and Sons Ltd 1995

First published by
Thomas Nelson and Sons Ltd 1995

I(T)P Thomas Nelson is an
       International Thomson Publishing Company
I(T)P is used under licence

ISBN 0-17-439999-5
NPN 9 8 7 6 5 4 3 2 1

All rights reserved. No paragraph of this publication may be reproduced, copied or transmitted save with written permission or in accordance with the provisions of the Copyright, Design and Patents Act 1988, or under the terms of any licence permitting limited copying issued by the Copyright Licensing Agency, 90 Tottenham Court Road, London, W1P 9HE.

Any person who does any unauthorised act in relation to this publication may be liable to criminal prosecution and civil claims for damages.

Printed in Hong Kong

Illustrated by Jonathon Shacklock